MIT FELI DURCH DIE NACHT

PLANETEN, STERNE, UMLAUFBAHNEN

© 2018 Laurence King Verlag GmbH
Jablonskistraße 27 • 10405 Berlin
www.laurencekingverlag.de

Text: © 2018 Stuart Atkinson
Illustrationen: © 2018 Brendan Kearney

Design: Claire Clewley
Übersetzung: Sarah Pasquay, Hildesheim
Satz: Igor Divis, Dortmund
Projektleitung: hauffe publishing, Dortmund

ISBN: 978-3-96244-028-2
3. Auflage 2020
Hergestellt in China

Laurence King Publishing setzt sich für eine ethische und nachhaltige Produktion ein. Wir sind stolzes Mitglied des Book Chain Projects.
bookchainproject.com

BOOK
CHAIN
PROJECT

Stuart
Atkinson

MIT FELI DURCH DIE NACHT

PLANETEN, STERNE, UMLAUFBAHNEN

Aus dem Englischen von Sarah Pasquay

Illustriert von
Brendan
Kearney

Laurence King Verlag

INHALT

SO WIRST DU EIN STERNENBEOBACHTER

Hallo! Ich heiße Feli, und ich bin eine Katze, die nichts lieber tut, als die Sterne zu beobachten. Und du willst wissen, was man am Nachthimmel sehen kann. Deshalb werde ich dich jetzt in die Wunder der Sternbeobachtung einführen.

BEREITE DICH VOR

Ich wette, du kannst es kaum erwarten, nach draußen zu gehen und die Sterne zu beobachten. Aber wenn es für dich unterm Sternenhimmel wirklich schön werden soll, musst du vorher einige Dinge wissen:

WAS DU BRAUCHST

Am besten kannst du die Sterne im Winter beobachten. Da geht die Sonne spät auf und früh unter und dazwischen ist es lange dunkel. Am Winterhimmel sind auch die hellsten Sterne zu sehen. Aber Winternächte können sehr, sehr kalt sein. (Und auch Sommernächte sind manchmal ziemlich kühl.) Da du mehrere Stunden draußen verbringen und dich dabei nicht viel bewegen wirst, musst du darauf achten, dass du warm bleibst.

Dies sind die wichtigsten Dinge, die du dabeihaben solltest:

WOHIN DU GEHEN SOLLTEST

Wenn du an einem Ort wohnst, wo nachts viele Lichter brennen, ist es schwierig, dort Sterne zu beobachten. Such dir eine dunkle Stelle in der Nähe, zum Beispiel:

* einen Park mit Bäumen, die das Straßenlicht verdecken.
* Sportplätze am Stadtrand.
* einen Hügel, auf dem du über den Lichtern bist.

Wenn du die Stelle gut ausgewählt hast, sieht der Himmel dort dunkler aus als bei dir vor der Tür. Die Sterne leuchten heller und kräftiger, funkeln mehr, und du kannst mehr von ihnen sehen.

MIT WEM DU GEHEN SOLLTEST

Da du dich von der Sicherheit der Lichter und anderer Menschen entfernst, musst du vorsichtig sein. Deshalb...

* nimm immer einen Erwachsenen mit.
* nimm ein Handy mit.
* sag jemandem, wohin du gehst, wie lange du weg bist und wann du zurück sein wirst.

LICHTER AM HIMMEL

LICHTVERSCHMUTZUNG

Wenn du auf dem Land lebst, kannst du einfach aus der Tür gehen und zu den Sternen hochsehen. Lebst du aber, wie viele Menschen, in einer Stadt, dann hast du die Sterne vielleicht noch nie richtig gesehen.

Das liegt an den vielen Lichtern, die nachts in Häusern, Fabriken, Büros, Geschäften und Straßen brennen. Dieses Licht taucht den Himmel in ein schmutziges Orange und verdeckt die Sterne. Astronomen, die den Nachthimmel ständig beobachten, nennen das „Lichtverschmutzung".

Deshalb musst du eine richtig dunkle Stelle finden, wo das Licht deine Sicht nicht behindert. Wenn du dort ankommst, wird es eine Weile dauern, bis deine Augen sich auf den Nachthimmel eingestellt haben. Aber nach einer halben Stunde wirst du mehr Sterne sehen als du dir je vorstellen konntest.

WAS WIRST DU SEHEN?

Was wirst du sehen, wenn deine Augen sich an die Dunkelheit gewöhnt haben? Denk dran, die Sterne, Planeten und auch der Mond sind unglaublich weit weg. Uns am nächsten sind die von Menschen gemachten Satelliten, aber auch die sind im Durchschnitt 400 Kilometer entfernt. Wie also sehen der Mond, die Planeten und die Sterne aus dieser Entfernung aus?

Das größte Einzelobjekt ist der Mond. Es sieht so aus, als würde er seine Form verändern. Einmal ist er ein großer Vollmond, einige Wochen später eine schmale Sichel.

Die Planeten unseres Sonnensystems sind Millionen Kilometer entfernt. Deshalb erscheinen sie uns nur als helle Punkte unter Millionen anderen am Nachthimmel. Aber es gibt eine clevere Methode, wie man die Planeten finden kann. Die werde ich euch später erklären.

Es gibt Millionen von Lichtpunkten am Nachthimmel. Das sind die Sterne. Um die meisten von ihnen richtig sehen zu können, brauchst du ein starkes Fernglas oder ein Teleskop. Aber auch mit bloßem Auge kannst du mehrere tausend Sterne erkennen.

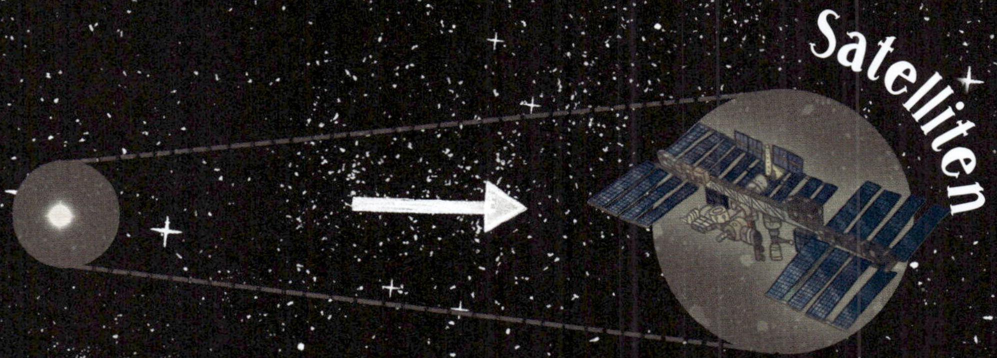

Einige Lichtpunkte bewegen sich schneller über den Himmel. Das sind von Menschen gemachte Satelliten, tausende kleine Raumschiffe, die um die Erde kreisen.

WARUM BEOBACHTET MAN DEN HIMMEL?

Warum sehen sich Menschen nachts den Himmel an? Astronomen betrachten den Himmel mit großen Teleskopen, um unser Sonnensystem, unsere Galaxie und das Universum zu erforschen. Aber auch Katzen wie ich und Menschen wie du beobachten den Himmel. Sie wollen herausfinden, was man jenseits unseres Planeten Erde sehen kann. Manchmal beobachte ich den Nachthimmel auch, weil es einfach toll anzusehen ist, wie das Universum sich dreht.

SCHON IMMER HABEN MENSCHEN DEN HIMMEL BEOBACHTET

Die Position des Mondes und das Auftauchen bestimmter Sterne oder Sterngruppen (bekannt als Sternbilder) sind oft mit einer bestimmten Jahreszeit verbunden. Seit der Antike haben Bauern den Nachthimmel beobachtet, um den richtigen Zeitpunkt für die Aussaat und die Ernte zu bestimmen.

Früher deutete man ungewöhnliche Himmelserscheinungen, zum Beispiel einen merkwürdig gefärbten Mond, Kometen oder Sternschnuppen, als gute oder schlechte Zeichen. Astronomen sollten bestimmen, ob es sich um ein gutes oder schlechtes Zeichen handelte (und sie bekamen eine Menge Ärger, wenn sie sich irrten).

So wie Sterne zu bestimmten Zeiten zu sehen sind, so tauchen sie auch an denselben Stellen des Himmels auf. Seefahrer haben sich deshalb immer an den Sternen orientiert, ganz besonders, wenn sie auf dem offenen Meer unterwegs waren, ohne Land zu sehen.

Woher kommen die Namen?

Die Namen der Sterne sind oft vor tausenden von Jahren entstanden, die meisten stammen aus dem Alten Griechenland. Die alten Griechen glaubten, dass der Himmel von Göttern, großen Helden und fantastischen Wesen bewohnt sei. Wenn die Form eines Sternbilds sie also an eines dieser Himmelswesen erinnerte, gaben sie ihm den entsprechenden Namen.

Heute mögen uns die Namen der Sterne und Sternbilder ziemlich seltsam vorkommen, aber für die alten Griechen klangen sie so vertraut wie für uns die Namen heutiger Promis.

WAS SIND STERNE?

Alle Sterne sind heiße Gaskugeln. Und wusstest du, dass man Sterne am besten an einem sonnigen Tag beobachten kann?

Das liegt daran, dass unsere Sonne auch ein Stern ist! Die Sonne ist der Stern, der unserer Erde am nächsten ist. Deshalb sieht sie auch größer und heller aus als alle anderen Lichter am Himmel. Die Sonne ist riesig: Wenn die Erde die Größe einer Erbse hätte, wäre die Sonne so groß wie ein Fußball. Außerdem ist sie unglaublich heiß (rund 15.000.000 °C in der Mitte). Deshalb strahlt sie auch so hell und kann deine Haut verbrennen, obwohl sie 140 Millionen Kilometer entfernt ist.

Am Tag erstrahlt die Sonne in einem hellen Weiß, aber bei Sonnenuntergang färbt sie sich erst orange und dann rot. Der Grund, weshalb sie ihre Farbe zu verändern scheint, ist die Atmosphäre zwischen der Sonne und uns.

STERNFARBEN

Obwohl alle Sterne heiße Gaskugeln sind, sind nicht alle Sterne gleich. Manche sind größer, andere kleiner, manche heißer, andere kühler.

Wenn du unsere Sonne neben einen jener anderen kleinen Punkte am Himmel platzieren würdest, könntest du sehen, dass sie nicht die größte Sonne im Universum oder gar in unserer Galaxie ist.

Am Nachthimmel wirst du rote, orange, blaue und weiße Sterne sehen. Das liegt daran, dass die Sterne verschiedene Temperaturen haben. Die heißesten sind die weißen und die blauen. Die kühlsten sind die orangenen und die roten. Stell dir ein Stück Metall vor, das in einem Feuer erhitzt wird. Es färbt sich erst in einem matten Rot, dann wird es orange, weiß und schließlich blau. Bei den Sternen ist es genauso.

Hier siehst du einige Sterntypen am Himmel mit ihren jeweiligen Größen.

MUSTER AM HIMMEL

Vor langer Zeit benutzten die Menschen den Himmel als Karte und ließen sich auf ihren Reisen von ihm leiten. Denn die Sterne bilden am Nachthimmel Muster. Und von diesen Mustern kannst auch du dich beim Beobachten des Himmels leiten lassen.

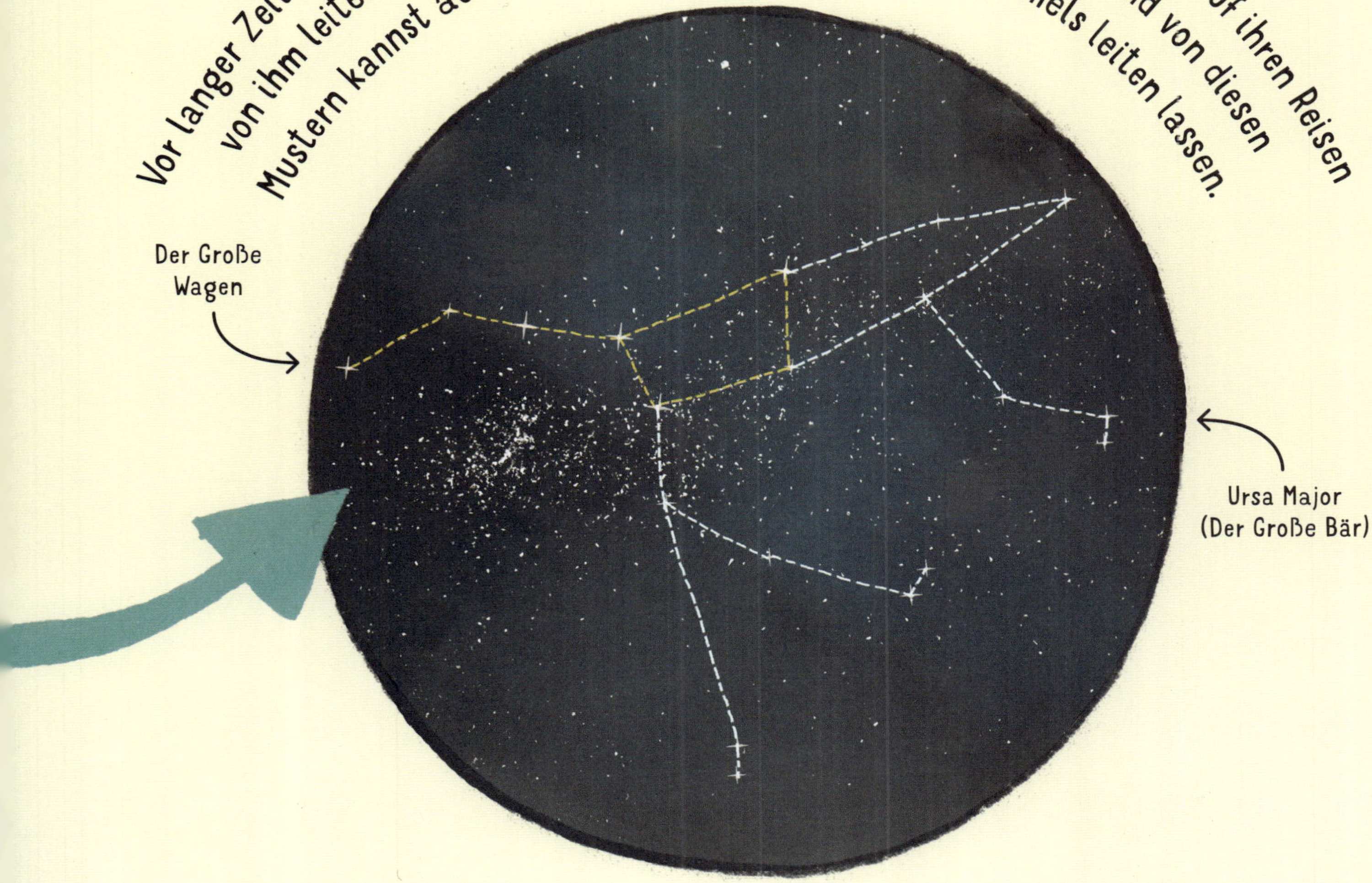

DIESE ZWEI WÖRTER SOLLTEST DU KENNEN

STERNBILD. Das ist ein Himmelsabschnitt mit Sternen, die, wenn man sie zusammen betrachtet, ein Muster oder eine Form bilden.

ASTERISMUS. Innerhalb eines Sternbilds gibt es manchmal kleinere Sternmuster, die dir auffallen. Dieses Muster im Muster heißt Asterismus.

DER GROSSE WAGEN. Ein Sternbild ist fast jeden Abend im Jahr zu sehen: der Große Wagen. Dieses Muster aus sieben blau-weißen Sternen gehört zu einem Sternbild, das als Großer Bär bekannt ist. Sternenbeobachter nutzen es zum „Starhopping“, also um von Stern zu Stern zu „hüpfen“. Ausgehend vom Großen Wagen suchen sie sich ihren Weg zu anderen Sternbildern am Nachthimmel.

DER TANZENDE HIMMEL

Wenn du den Himmel zum ersten Mal betrachtest, kann es dir so vorkommen, als würden die Sterne sich nicht bewegen. Doch da die Erde sich dreht, scheinen sie sich sehr wohl zu bewegen. Es sieht sogar so aus, als würden sie tanzen.

Manchmal scheint es uns, als hätte ein Stern sich bewegt, doch das hat er gar nicht. Es ist die Erde, die sich bewegt. Sie dreht sich wie ein Kreisel. Dadurch scheint die Sonne im Osten aufzugehen, sich über den Himmel zu bewegen und im Westen unterzugehen. So entstehen Tag und Nacht.

Für die Sterne gilt dasselbe: Durch die Drehung der Erde erscheinen sie zu Beginn der Nacht an einer Stelle und im Morgengrauen haben sie sich an eine andere Stelle des Himmels bewegt.

Such dir einen Stern, der über einem Baum oder einem Hügel steht, und schau ihn dir später noch einmal an: Er hat sich in eine Richtung bewegt, er ist höher gestiegen, gesunken oder komplett unterm Horizont verschwunden.

Der Himmel zu Beginn einer Winternacht.

Der Himmel am Ende einer Winternacht.

Der berühmteste aller Sterne

Es gibt einen Stern, der sich nie zu bewegen scheint. Die Erde bewegt sich um eine Achse, die zwischen Nord- und Südpol verläuft. Und dieser Stern steht immer über dem Nordpol. Wie der Griff in der Mitte eines Kreisels scheint er sich also nie zu bewegen, obwohl alles um ihn herum sich zu bewegen scheint.

Da er über dem Nordpol steht, wird er Polarstern oder Nordstern genannt. (Wissenschaftler nennen ihn Polaris.) Für die Seefahrer war er früher einer der wichtigsten Sterne, eben weil er sich nicht bewegte. Er war ihr Himmelsanker.

Der Polarstern ist nicht der hellste Stern am Himmel, aber er ist ziemlich hell (er steht an 50ster Stelle der hellsten Sterne).

Der Polarstern ist dank des Großen Wagens einfach zu finden. Schau dir die beiden Sterne an, die die hintere Kante des Wagens bilden, also am weitesten von der Deichsel entfernt liegen. Sie heißen Polweiser, weil die Linie, die du zwischen ihnen ziehen kannst, genau auf den Polarstern zeigt.

EIN HIMMEL FÜR JEDE JAHRESZEIT

FRÜHLING

Ich erkläre es dir

Am Tag ist der uns nächste Stern, die Sonne, so hell, dass wir keine anderen Sterne am Himmel sehen können. Nur nachts, wenn wir von der Sonne abgewandt sind, sehen wir auch die übrigen Sterne.

Es gibt immer etwas Schönes und Faszinierendes zu sehen.

Für die anderen Planeten unseres Sonnensystems gilt das Gleiche: Sie kommen und gehen im Verlauf des Jahres, je nachdem, wo sie und die Erde sich in ihrer Umlaufbahn um die Sonne gerade befinden.

WINTER

Erst nachdem ich den Nachthimmel eine ganze Weile studiert hatte, merkte ich, dass etwas Merkwürdiges vor sich ging. Den Großen Wagen, der um den Polarstern herumrollte, konnte ich immer sehen. Aber andere Sterne und ihre Muster konnte ich nur einige Monate lang sehen, dann verschwanden sie wieder.

Sterne und ihre Sternbilder kommen und gehen, denn jede Jahreszeit hat ihren eigenen Himmel. Im Frühjahr sehen wir nicht genau dieselben Sterne wie im Sommer, im Herbst oder im Winter.

Und ...

Da die Erde im Laufe eines Jahres um die Sonne wandert, blicken wir zu jeder Jahreszeit in einen anderen Teil des Universums.

Sterne, die „über" der Erde liegen, während sie sich dreht, wie der Polarstern und die Sterne des Großen Wagens, sind fast das ganze Jahr über zu sehen.

DER FRÜHLINGSHIMMEL

Der Frühlingshimmel hat zwar nicht viele wirklich helle Sterne, es gibt dort aber dennoch viel zu sehen!

Das erste von sieben Sternbildern, die du am Frühlingshimmel sehen kannst, ist der Löwe. Da der Löwe eine riesige Katze ist, mag ich dieses Sternbild ganz besonders. Es ist nach einem Löwen der griechischen Mythologie benannt, gegen den der Held Herkules kämpfte und über den er siegte. Die Wasserschlange und der Krebs wurden ebenfalls Opfer des Herkules. Das Sternbild Jungfrau wird mit der griechischen Göttin der Ernte in Verbindung gebracht. Die kleineren Sternbilder Rabe, Waage und Becher haben die alten Griechen ebenfalls nach Dingen benannt, denen sie ähnelten. Und das ist noch nicht alles, was man am Frühlingshimmel entdecken kann!

Frühlingshimmel-Extras

- Es gibt zahlreiche Galaxien zu sehen, insbesondere innerhalb des Löwen und direkt unterhalb der Jungfrau. Allerdings sind sie so weit entfernt, dass du ein Fernglas oder ein kleines Teleskop brauchst, um sie erkennen zu können.
- Suche nach diesen hellen Sternen: Regulus im Löwen und Spica in der Jungfrau.

Leo: Löwe

Das Sternbild Löwe ist am leichtesten zu finden, weil es in der Mitte der Bahn liegt, die der Mond am Frühlingshimmel durchläuft. Wenn du also dieser Linie folgst, wirst du auch den Löwen finden.

Der Löwe besteht im Grunde aus zwei Formen: einem Dreieck und einem umgekehrten Fragezeichen. Zusammen ähneln sie in der Tat einer liegenden Katze. Das Fragezeichen ist besser bekannt als Sichel, denn es ähnelt dem landwirtschaftlichen Gerät, mit dem Bauern früher ihr Korn geschnitten haben.

Der hellste Stern im Löwen ist Regulus am Ende des Sichelgriffs.

Hydra: Wasserschlange

In der griechischen Mythologie war die Hydra (so der lateinische Name des Sternbilds) eine furchterregende Schlange und das Schoßtier der Göttin Hera, die sie losschickte, um Herkules zu töten. Doch stattdessen tötete Herkules die Hydra. Die Wasserschlange ist das größte Sternbild am Himmel. Die lange, gewundene Linie aus erlöschenden Sternen ist allerdings nicht sehr auffällig. Sie beginnt unterhalb vom Krebs und schlängelt sich bis unterhalb vom Raben und vom Becher.

Cancer: Krebs

Das Sternbild Krebs ist nach einem weiteren Liebling der Göttin Hera benannt: einem großen Krebs, den sie losschickte, um der Hydra zu helfen. Doch Herkules zertrat den armen Krebs kurzerhand und schoss ihn geradewegs in den Himmel.

Den Krebs findest du am besten, indem du jenseits vom Löwen nach einem Lichtklecks suchst. Das ist der Sternhaufen M44, der auch Bienenschwarm genannt wird und in der Mitte des Sternbilds steht. Mit dem Fernglas wirst du sehen, dass er aus dutzenden Sternen besteht, wie ein Bienenschwarm. Relativ schwach leuchtende Sterne, die wie ein umgekehrtes Y aussehen, bilden den Rest des Krebses.

Virgo: Jungfrau

Das Sternbild Jungfrau ist das zweitgrößte am Himmel. Es soll einer schönen Frau ähneln, der griechischen Göttin der Ernte, doch eigentlich gleicht es mehr einem Strichmännchen, das auf der Seite liegt. Die Jungfrau hat einen hellen Stern, Spica, der blau-weiß leuchtet. Genauer gesagt sind es zwei Sterne, die sich umeinander drehen. Aber um das zu sehen, bräuchtest du das stärkste Teleskop der Welt. Mit einem normalen Teleskop solltest du aber trotzdem am unteren Teil der Jungfrau viele winzige Lichtkleckse erkennen. Das sind unglaublich weit entfernte Galaxien.

Libra: Waage

Die Waage steht in der Nähe der Jungfrau, ist aber viel kleiner. Ihre Form soll an eine altmodische Waage erinnern. Ich fand immer, dass sie mehr wie eine Rakete oder ein Haus aussieht.

Der Becher ist ein kleines Sternbild, das als Becher des griechischen Gottes Apollon gedeutet wurde. Es ist schwer zu erkennen, denn seine Sterne leuchten sehr schwach. Auf der Nordhalbkugel steht es immer tief am Himmel, direkt über den Bäumen oder Gebäuden. Es erinnert ein wenig an einen schiefen, altmodischen Becher, aber ich finde, es ähnelt eher dem Raben mit einigen Extra-Sternen.

Crater: Becher

Der Nachthimmel ist voll von Vogel-Sternbildern. Es gibt einen Adler, einen Schwan und, rechts unterhalb von Spica im Sternbild Jungfrau, den Raben. Wenn ich ihn sehe, knurrt mir der Magen. Der Rabe sieht allerdings ziemlich seltsam aus. Eigentlich gleicht er mehr einem gequetschten Karton ... oder einer Krähe mit abgebissenem Kopf. Mmmmhhh!

Corvus: Rabe

DER SOMMERHIMMEL

Mit den großen, auffälligen Sternbildern des Sommerhimmels ist das Starhopping ganz einfach.

Sommersternbilder sind mit bloßem Auge besser zu erkennen als Frühlingssternbilder. Allerdings musst du dich ein bisschen länger gedulden, bis du sie siehst, denn im Sommer ist es erst um Mitternacht richtig dunkel. Und es bleibt nur wenige Stunden so. Aber wenn du mal auf Schlaf verzichten kannst, wirst du das wärmste Sternbeobachten erleben und die spektakulärsten Sternbilder und andere Himmelserscheinungen sehen.

Sommerhimmel-Extras

- Die beste Sicht auf unsere Galaxie, die Milchstraße.
- Viele Sternschnuppen Mitte August.
- Das Sommerdreieck – ein Trio aus sehr hellen Sternen, jeweils einer in den Sternbildern Schwan, Adler und Leier.

Blättere um, dann siehst du die Sternbilder des Sommerhimmels

Cygnus: Schwan

Für viele ist der Schwan DAS Sternbild des Sommers, denn sobald es dunkel wird, steht er über uns. Wenn es dann richtig dunkel ist, kannst du auch seine schwächeren Sterne erkennen und damit auch einen Schwan mit ausgestreckten Flügeln, der über die Milchstraße fliegt. An seinem Schwanzende steht der helle Stern Deneb, der eine Ecke des Sommerdreiecks bildet (die anderen beiden Sterne des Sommerdreiecks sind im Adler und in der Leier). Deneb ist auch Teil des Schwan-Asterismus, dem Kreuz des Nordens (es hat die Form eines Kreuzes), das aus den fünf Hauptsternen der Konstellation gebildet wird. In einer klaren, dunklen Nacht kannst du an der einen Seite des Schwanenhalses einen hellen Fleck erkennen. Das ist die Sternwolke im Schwan, die aus Millionen von weit entfernten Sternen besteht. Durch ein Fernglas betrachtet, ist das ein unglaublicher Anblick.

Aquila: Adler

Dieses Sternbild nahe der Milchstraße ist nach einem Haustier des griechischen Gottes Zeus benannt. Wenn du seine schwächeren Sterne verbindest, kannst du seine Schwingen einigermaßen erkennen, aber ich finde, er sieht mehr wie ein Drachen aus. Der hellste Stern im Adler ist Altair, einer der drei hellen Sterne, die das bekannte Sommerdreieck bilden.

Lyra: Leier

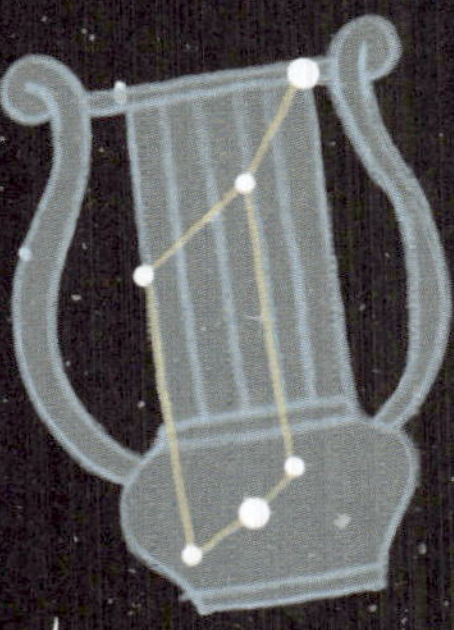

Dieses kleine, kompakte Sternbild hat die Form der Leier (Harfe), auf der Orpheus, ein Dichter aus der griechischen Mythologie, spielte. Alte Sternkarten zeigen häufig, wie die Leier von einem Adler gehalten wird, aber du wirst nur ihren hellsten Stern erkennen können, die schöne blaue Wega, und darunter ein paar schwächere Sterne, die eine kleine Schachtel bilden. Wega leuchtet an einer anderen Ecke des Sommerdreiecks.

Sagittarius: Schütze

Das Sternbild Schütze steht in Sommernächten tief im Süden und ist nur von einer dunklen Stelle mit niedrigem Horizont aus zu sehen. Es ist nicht nach einem menschlichen Schützen benannt, sondern nach einem Fabelwesen: Chiron, dem Zentauren, halb Mensch, halb Pferd. Wie viele Wesen am Nachthimmel wurde der arme Chiron von Herkules angegriffen.

Der Schütze hat den Spitznamen Teekanne, denn ein Teil von ihm sieht aus wie eine nach rechts unten geneigte Teekanne, aus der Tee eingeschenkt werden soll. Im Schützen gibt es mehrere interessante verschwommene Flecken. Wenn du also dein Fernglas wandern lässt, stößt du irgendwann auf einen gesprenkelten Sternhaufen oder einen trüben Sternnebel (eine glühende Wolke aus Gas und Staub, aus der Sterne entstehen).

Hercules: Herkules

Wenn es am Nachthimmel einen Superhelden gibt, dann ist es Herkules. Er ist dafür berühmt, gegen viele andere Wesen am Sternenhimmel gekämpft zu haben. Sein Sternbild jedoch ist klein und ein bisschen langweilig. Das Interessanteste daran ist der kleine, aber wunderschöne Herkuleshaufen oder M13. Er sieht aus wie ein winziger schwacher Stern, aber durch ein Teleskop kannst du sehen, dass hier tausende Sterne einen Kugelhaufen bilden.

Ich kennen niemanden, der in diesem Sternbild einen Mann sieht, der eine Schlange trägt. Mich persönlich erinnert es eher an eine Kinderzeichnung von einem Haus. Der Schlangenträger ist neben der Milchstraße zu finden. Das Interessante an ihm ist sein hellster Stern, Ras Alhague, auf der Spitze des Hausdachs (oder das Auge des Schlangenträgers).

Ophiuchus: Schlangenträger

Rechts vom Schützen liegt der Skorpion. In der griechischen Mythologie soll er den Jäger Orion getötet haben. Er sieht tatsächlich aus wie ein Skorpion mit einem Stachel am Schwanz, aber nördlich des Äquators kannst du nur seinen Kopf und seine Scheren sehen, weil der Horizont im Weg ist. Es lohnt sich trotzdem, ihn am Himmel zu suchen, denn sein hellster Stern, Antares, leuchtet in einem wunderschönen Orange-Rot.

Scorpius: Skorpion

DIE MILCHSTRASSE

Der Sommer ist die beste Jahreszeit, um eine der schönsten Himmelserscheinungen zu betrachten: die Milchstraße.

Die Milchstraße ist die Galaxie, zu der auch unsere Sonne gehört. Wir liegen weit draußen auf einem Spiralarm dieser Galaxie. Deshalb erreicht die Erde im Sommer auf ihrem Weg um die Sonne eine Position, von der aus wir auf die Masse unserer eigenen Milchstraßen-Galaxie zurückblicken können.

Dort wirst du ein Band aus Millionen von Sternen sehen, die so dicht beieinander liegen, dass sie eine große Sternwolke zu bilden scheinen. Unsere Vorfahren meinten, das sehe aus wie Milch, die über dem Himmel ausgelaufen ist.

Das Erste, was du von der Milchstraße sehen wirst, ist eine lange, neblige Spur, die den Himmel quasi in zwei Teile teilt. Wenn deine Augen sich an die Dunkelheit gewöhnt haben, wirst du hellere Bereiche erkennen. Dort konzentrieren sich eine Menge Sterne. Es gibt auch dunkle Bereiche: Das sind Staubwolken, durch die das Licht der Sterne nicht hindurchkommt.

Auf der Südhalbkugel kannst du das Zentrum der Milchstraße sehen. Es leuchtet so hell, dass du in seinem Schein ein Buch lesen kannst.

So sieht die Milchstraße von außerhalb unserer Galaxie aus.

Fotos zeigen die Milchstraße oft in prächtigen Farben mit einem brennenden, gelb-orangen Zentrum sowie Sternklumpen und -wolken in Blau und Rot. Doch deine eigenen Augen sind nicht empfindlich genug, um diese Farben wahrzunehmen, nicht einmal wenn du durch ein Fernglas oder ein Teleskop schaust.

Die meisten Sterne in der Milchstraße leuchten so schwach, dass sie bei Lichtverschmutzung oder einem großen, hellen Mond nicht zu sehen sind. Bestenfalls siehst du dann etwas, das wie eine blau-graue Nebelwolke aussieht.

Aber wenn du die Milchstraße an einem dunklen Himmel betrachtest und ein Fernglas benutzt, kannst du tausende Sterne sehen, wie Salzkörner auf schwarzem Papier. Zerbrich dir nicht den Kopf darüber, was genau du da siehst. Genieß einfach die vielen Sterne.

Wenn du überlegst, dass diese Lichtflecken weit entfernte Sonnen sind, von denen viele selbst Planeten haben, musst du einfach staunen. Schaut dort vielleicht irgendjemand oder irgendetwas zu mir zurück?

DER HERBSTHIMMEL

Himmelsbeobachter wie ich freuen sich über den Herbstbeginn, denn dann werden die Nächte länger und um Mitternacht ist der Himmel voller Sterne.

Die Hauptsternbilder, der Große und der Kleine Bär, Pegasus, Kassiopeia, Perseus, Andromeda und das Dreieck sind groß und liegen nah beieinander. Mit ihren hellen Sternen sind sie leicht zu erkennen. Im Großen und im Kleinen Bär kannst du zwei der berühmtesten Himmelserscheinungen sehen: den Großen Wagen und den Polarstern. Viele der anderen Sternbilder sind nach der Geschichte des griechischen Helden Perseus benannt, der auf seinem geflügelten Pferd ritt und die schöne Andromeda vor einem schrecklichen Ungeheuer rettete.

Herbsthimmel-Extras

- Das Herbstviereck, ein Asterismus im Sternbild Pegasus.
- Mit bloßem Auge kannst du im Zentrum von Andromeda eine mehr als 2 Millionen Lichtjahre entfernte Galaxie sehen.
- Mit einem Fernglas oder einem Teleskop kannst du zwischen Perseus und Kassiopeia zwei dicht beieinander liegende Sternhaufen erkennen, die wie zwei Häufchen Zucker aussehen. Eine solche Erscheinung nennt man Doppelsternhaufen.

Perseus

Perseus ist ein weiterer griechischer Held. Wie berühmt er war, merkt man daran, dass der Herbsthimmel von vielen wundersamen Abenteuern des Perseus erzählt. Ich fand immer, dass Perseus wie ein umgedrehtes „Y" aussieht oder wie eine Schere. Aber wenn du dich den Sternen auf traditionellere Weise näherst, kannst du (vielleicht) den Umriss eines Kriegers erkennen, der in einer Hand ein Schwert hält und in der anderen den hässlichen Kopf der Medusa. (Medusa konnte Menschen in Stein verwandeln, indem sie ihnen in die Augen blickte.) Perseus ist außerdem dafür berühmt, dass er auf Pegasus ritt und Andromeda vor einem anderen schrecklichen Monster rettete.

Pegasus

Viele Sternenbeobachter (mich eingeschlossen) halten Pegasus für das beste Herbststernbild. In der griechischen Mythologie ist Pegasus ein Pferd mit einer Besonderheit: Es hat Flügel. Pegasus war sozusagen Perseus' Fortbewegungsmittel. Mit ein bisschen Fantasie kannst du in den Sternen dieser Konstellation die Form eines geflügelten Pferdes erkennen, das kopfstehend über den Himmel fliegt. Die drei hellsten Sterne des Pegasus bilden zusammen mit dem hellsten Stern der Andromeda einen Asterismus, den Himmelsbeobachter Herbstviereck nennen.

Andromeda

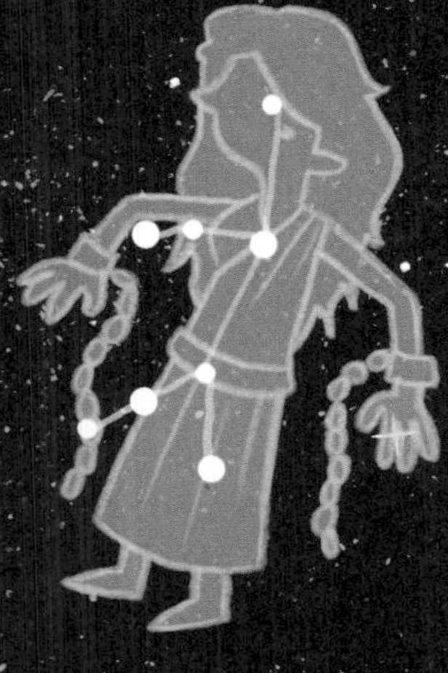

Arme Andromeda! Sie war eine schöne junge Frau, die von ihren Eltern an einen Fels gekettet wurde, als Opfergabe für ein hungriges Ungeheuer. Zum Glück kamen gerade Perseus und Pegasus vorbei und retteten sie. Das Sternbild liegt in der Verlängerung des Pegasus, ungefähr dort, wo seine Hinterbeine waren. (Vielleicht ist Andromeda dem Ungeheuer ja auch entkommen, indem sie sich an Pegasus' Beinen festgehalten hat?)

Ursa Major: Großer Bär

Das Sternbild Großer Bär mit dem Großen Wagen ist zwar das ganze Jahr über zu sehen, aber im Herbst sind die beiden am besten zu erkennen. Du musst einfach nach Einbruch der Dunkelheit nach Norden schauen, dann siehst du schon einen Kasten aus Sternen und links davon die lange Deichsel. (Kopf und Beine des Bären selbst bestehen aus schwachen Sternen, deshalb wirst du sie nur schwer erkennen können, es sei denn, du bist an einem sehr dunklen Ort.)

Ursa Minor: Kleiner Bär

Der Kleine Bär sieht aus wie eine kleinere Ausgabe des Großen Bären, hat aber keine Beine. Seine hellsten Sterne sind daher als Kleiner Wagen bekannt. Der Stern am Ende des Schwanzes ist der wichtigste Stern am gesamten Himmel: der Polarstern.

Kassiopeia

Hoch im Osten kannst du an Herbstabenden ein aus Sternen gebildetes „W" sehen. Das ist Kassiopeia. Das Sternbild ist zwar klein, aber sehr auffällig. Kassiopeia ist das ganze Jahr über zu sehen, doch da sich die Erde dreht, scheint sie sich auch zu drehen. Im Winter sieht sie deshalb eher wie ein „M" aus. In der griechischen Mythologie ist Kassiopeia der Name einer stolzen Königin, die in den Himmel geschleudert wird, weil sie behauptet hat, ihre Tochter sei schöner als die Götter.

Triangulum: Dreieck

Das Dreieck ist, wie ihr euch denken könnt, aus drei Sternen gebildet. Sein lateinischer Name Triangulum ist von einer Methode hergeleitet, mit der Architekten früher die Maße von Gebäuden bestimmten und hat nichts mit dem Musikinstrument (Triangel) zu tun.

DER WINTERHIMMEL

Den Winterhimmel halten viele Sternenbeobachter für den besten Himmel des Jahres. Um ihn genießen zu können, solltest du dich wie ein Polarforscher anziehen.

Die Winterkälte führt dazu, dass der Himmel viel klarer ist als im Rest des Jahres. Und da es früher dunkel wird, kannst du früher (und länger) Sterne beobachten. Im Winter sind die meisten hellen Sterne zu sehen, die schönsten Sternhaufen und -nebel und außerdem einige gute Meteorschauer.

Winterhimmel-Extras

- Mach dich Mitte Dezember bereit, die Geminiden zu beobachten. Bei diesem Himmelsspektakel schießen Meteore in alle Richtungen.
- Sieh dir die Sterne im Schwert des Orion (es hängt an seinem Gürtel) durch ein Teleskop an: Dort kannst du den wunderschönen Orionnebel finden.

Orion

Der Orion ist nach einem Jäger der griechischen Mythologie benannt. Man kann sich tatsächlich vorstellen, wie er mit dem mächtigen Stier Taurus kämpft. Dicht neben ihm sind seine treuen Jagdhunde zu sehen (Großer Hund und Kleiner Hund).

Nach dem Großen Wagen ist Orion das wohl berühmteste Sternbild am Himmel und es ist sehr leicht zu finden. Du musst nur nach einer Sanduhr mit einer kurzen Linie aus drei blauen Sternen in der Mitte Ausschau halten: Diese Linie bildet den Gürtel des Orion. Im Orion sind zwei der hellsten Wintersterne zu sehen: der orange Beteigeuze oben links und der blaue Rigel unten rechts. Versuche, eine kurze Linie aus drei schwachen Sternen zu finden, die an der linken Seite von Orions Gürtel hängen: Das ist sein Schwert.

Canis Major: Großer Hund

Der Große Hund wird oft als einer von Orions Jagdhunden betrachtet. Und Katzen mögen keine Jagdhunde. Er wird aber auch mit dem dreiköpfigen Hund gleichgesetzt, der in der griechischen Mythologie den Eingang zur Unterwelt bewacht. Wie auch immer, dieses Sternbild hat den hellsten Stern am ganzen Himmel: Sirius, auch Hundestern genannt. Sirius findest du mithilfe von Orions Gürtel, der auf den Stern hinunter zeigt. Sirius blinkt wie ein riesiger Diamant am Himmel. Das liegt daran, dass die Luft in unserer Atmosphäre sich bewegt und das Licht bricht.

Canis Minor: Kleiner Hund

Der kleine Welpe besteht nur aus einem dicht beieinander liegenden Sternenpaar. Deshalb kann ich ihn auch ansehen, ohne dass sich meine Nackenhaare aufstellen. Der hellere der beiden Sterne heißt Prokyon und ist auch unter dem Namen Zwerg bekannt.

Taurus: Stier

Über und neben Orion wirst du klar und deutlich ein „V" aus Sternen erkennen. Das sind die Hyaden, ein großer Sternhaufen. Er bildet die spitzen Hörner des Taurus, der Orion angreift. Der blutrote Stern am Ende des einen Horns ist Aldebaran (das Auge des Stiers.) Auf der Schulter des Taurus ist ein kleines Knäuel aus blauen Sternen zu sehen, wie ein winziger Kleiner Wagen. Das ist ein weiterer Sternhaufen, die Plejaden, die auch als die Sieben Schwestern bekannt sind. Wenn du gute Sicht hast, kannst du mit bloßem Auge ihre sieben hellsten Sterne erkennen. Wenn nicht, siehst du sie und dutzende mehr durch ein Fernglas.

Auriga: Fuhrmann

In der griechischen Mythologie ist Auriga (so lautet der wissenschaftliche Name des Sternbilds) der Erfinder eines von vier Pferden gezogenen Wagens. Eigentlich finde ich, dass der Fuhrmann mehr wie ein großes Sternen-Fünfeck aussieht. Einer dieser Sterne – die gelbliche Capella – leuchtet heller als die anderen.

Gemini: Zwillinge

Mit ein bisschen Fantasie kannst du im Winter links über dem Orion zwei Strichmännchen erkennen. Das sind die Zwillinge Castor und Pollux aus der griechischen Mythologie. Es kommt häufig vor, dass man einen der Planeten unseres Sonnensystems durch den Teil des Himmels ziehen sieht, an dem die Zwillinge stehen.

DAS BESTE VOM REST

Es gibt noch ein weiteres Dutzend Sternbilder, nach denen du Ausschau halten kannst. Am besten sind sie im Sommer oder Herbst zu sehen.

Aries: Widder

In der griechischen Mythologie führte der Held Jason eine kühne Mission an, um das goldene Vlies zu stehlen, das von einem furchterregenden Drachen gehütet wird. In einer gezackten Linie aus Sternen erkannten die alten Griechen den Widder, von dem das Vlies stammte. Manchmal bewegt sich ein heller Planet auf seiner Umlaufbahn durch den Himmelsteil, wo auch der Widder steht.

Pisces: Fische

Zum Glück sehen die Fische gar nicht wie Fische aus, sonst würde ich jetzt vor Hunger verrückt. Unterhalb von Andromedas langem Schweif aus vielen hellen Sternen wirst du das breite, schiefe „V“ der Fische sehen, das aus viel schwächeren Sternen gebildet ist. Wie der Widder werden auch die Fische häufig von einem „Gast-Stern“ gekreuzt.

Aquarius: Wassermann

Dieses Sternbild wurde mit einem Jungen in Verbindung gebracht, der den griechischen Göttern das Wasser in einem Krug auf den Olymp brachte. Mich erinnert es eher an einen Ballon, aus dem die Luft entweicht und der an einem Stück Schnur hängt. Und wie beim Widder und den Fischen bewegen sich manchmal Planeten über den Teil des Himmels, an dem der Wassermann steht.

Bootes: Bärenhüter

Der Bärenhüter liegt nahe dem Großen Wagen. Sternenbeobachter suchen gern nach seinem hellsten Stern, Arcturus, indem sie dem Bogen in der Deichsel des Großen Wagens folgen. Früher betrachtete man den Bärenhüter mal als Hirten, mal als Jäger oder als Sohn der Erntegöttin. Für mich sieht diese dreieckige Sterngruppe aus wie ein Drachen an einer Schnur oder wie eine Eiswaffel.

Corona Borealis: Nördliche Krone

Die Nördliche Krone soll die Krone der Ariadne darstellen, der Tochter des Königs Minos von Kreta. Die Nördliche Krone ist zwar klein, aber ihre halbkreisförmige Sternenlinie ist am Nachthimmel dennoch einfach zu finden, und sie liegt nahe dem Herkules. Erstaunlicherweise sieht sie tatsächlich wie eine juwelenbesetzte Krone aus, die vom Himmel hängt.

DER MOND

Der Mond ist vermutlich das Erste, was du am Himmel je gesehen hast. Wusstest du, dass er eigentlich ein großer Felsball ist, der sich um die Erde bewegt?

Mondseen. Die dunkleren Flecken auf der Mondoberfläche werden Seen genannt, enthalten aber kein Wasser. Es sind große Flächen aus gefrorener Lava. Je nachdem, von welchem Erdteil aus du den Mond betrachtest, kann es aufgrund dieser Flecken so aussehen, als hätte der Mond ein Gesicht. In anderen Teilen der Welt erinnern die Umrisse an ein Kaninchen.

Mondkrater. Die hellen Flecken, die du sehen kannst, sind „Krater“. Diese Löcher sind entstanden, als vor Milliarden von Jahren Meteoriten auf den Mond stürzten. Vielleicht siehst du sogar helle Linien, die von einigen dieser Flecken ausgehen. Diese „Strahlen“ sind Geröllspritzer, die dort nach den größten und jüngsten Meteoriteneinschlägen liegen geblieben sind. Und wenn du den Mond durch ein Fernglas oder ein Teleskop betrachtest, kannst du sie noch genauer studieren.

Mond beobachten. Die beste Zeit, um den Mond zu beobachten, ist einige Tage vor oder nach dem Vollmond. Dann kannst du durch ein Fernglas oder ein Teleskop viele Details entlang der Tag-Nacht-Grenze sehen, also dort, wo die sonnenbeschienene Seite des Mondes auf die dunkle Seite trifft. Dutzende Krater mit ihren Strahlen sind dort zu erkennen, aber auch Bereiche mit zerklüfteten Hügeln und kleinere Seen.

Die Mondphasen

Ist dir aufgefallen, wie der Mond jeden Monat seine Form verändert? Das liegt daran, dass das, was wir vom Mond sehen, davon abhängig ist, wie viel Sonnenlicht von der Mondoberfläche reflektiert wird.

Da sich der Mond um die Erde dreht und die Erde sich um die Sonne bewegt, fällt das Sonnenlicht auf verschiedene Teile des Mondes. Und dadurch entsteht das, was wir Mondphasen nennen.

Da das so regelmäßig geschieht, beschlossen unsere Vorfahren irgendwann, damit die Zeit zu messen. Allen frühen Kalendern liegen die Mondphasen zugrunde.

Heute benutzen wir einen Sonnenkalender (also einen, der auf der Bewegung der Erde um die Sonne basiert), aber bei wichtigen Ereignissen wie der Ernte richten wir uns noch immer nach den Mondphasen.

Neumond

Der „neue" Mond ist nur als dunkler schwacher Kreis am Himmel zu sehen, denn er reflektiert keinerlei Sonnenlicht.

Zunehmender Sichelmond

Sobald die Mondoberfläche wieder Licht reflektiert, tritt der Mond in seine zweite Phase ein und Nacht für Nacht wird die Lichtscheibe größer.

Zunehmender Halbmond

Die dritte Mondphase ist erreicht, wenn das Licht eine Hälfte des Mondes bedeckt.

Zunehmender Dreiviertelmond

In der vierten Phase breitet sich das Licht weiter über die Oberfläche aus. Der beleuchtete Teil ist mittlerweile größer als ein halber Kreis, aber kleiner als ein voller Kreis.

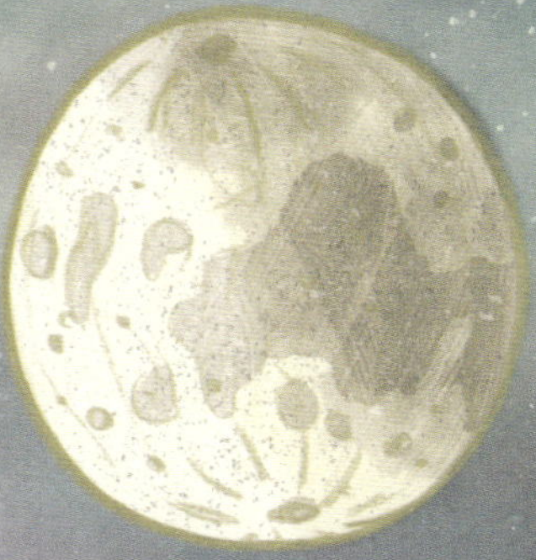

Vollmond

Wenn das Licht die komplette Mondoberfläche bedeckt, kommen wir in die fünfte Phase.

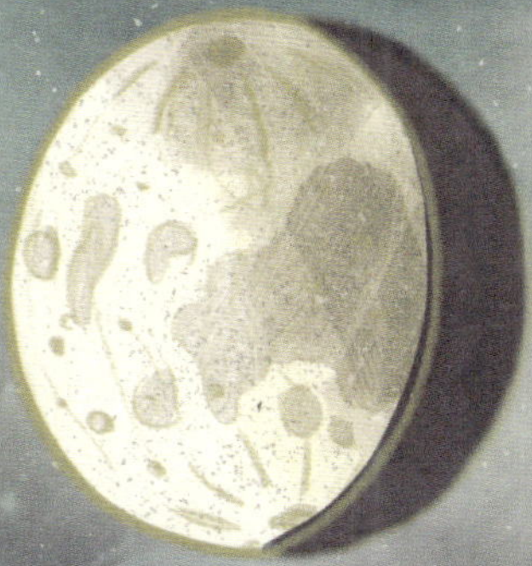

Abnehmender Dreiviertelmond

Wenn die sechste Phase beginnt, kehrt sich der gesamte Vorgang um: Von der Mondoberfläche wird immer weniger Licht reflektiert.

Abnehmender Halbmond

In der siebten Phase bedeckt das Licht wieder die Hälfte der Oberfläche.

Abnehmender Sichelmond

In der achten Phase erscheint noch einmal die Sichel bevor sie komplett verschwindet und alles beim Neumond von vorn beginnt.

Wie der Mond entstanden ist

Wusstest du, dass der Mond nicht immer da war? Vor viereinhalb Milliarden Jahren sah die Erde ganz anders aus als heute. Sie war noch eine „Baby“-Welt, ein verbeulter Ball aus heißem Stein, der von unzähligen anderen Gesteinsbrocken aus dem All oder von Meteoriten getroffen worden war.

Dann kam ein besonders großer Meteorit, etwa halb so groß wie unser Planet.

Er schlug auf die Erde und zerschellte in viele Millionen Teile. Auch die Erdoberfläche wurde stark beschädigt.

Mondfinsternis

Die Erde bewegt sich um die Sonne und der Mond bewegt sich um die Erde. Manchmal stehen also alle drei in einer Linie, die Erde in der Mitte. Wenn das geschieht, wirft die Erde einen Schatten auf den Mond. Das nennt man „Mondfinsternis“. Wenn der Mond vollständig dunkel wird, spricht man von einer „totalen Mondfinsternis“. Wenn nur ein Teil verdunkelt wird, ist es eine „partielle Mondfinsternis“.

Jede Mondfinsternis ist anders. Manchmal lässt der Schatten der Erde den Mond wie einen orangen Kürbis aussehen. Dann wieder nimmt der Mond mehr die Farbe von Rotwein an.

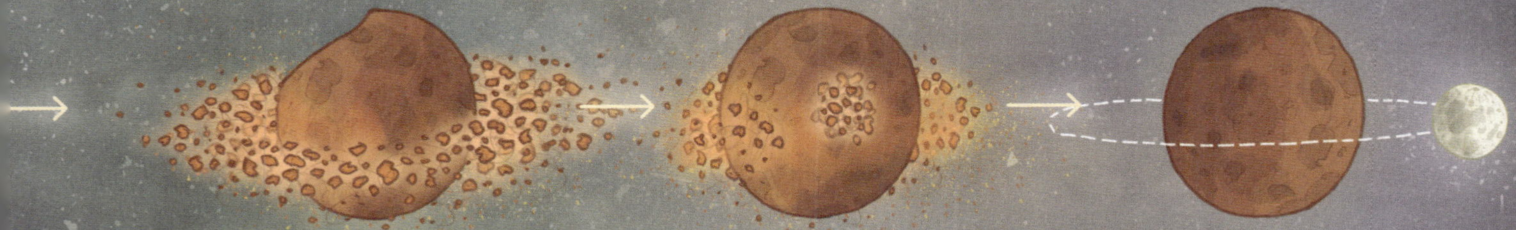

Viele Millionen Jahre lang trieben die Trümmer des Meteoriten und der Erde um die Erde herum.

Im Laufe der Zeit verbanden sich die Teile zu einer Art Ring (wie die Ringe um den Saturn), der um die Erde kreist.

Und nach weiteren vielen Millionen Jahren begann das Material in diesem Ring wieder einen einzigen Körper zu formen. Aber dieses Mal einen, der dauerhaft um die Erde kreiste.

Sonnenfinsternis

Manchmal schiebt sich der Mond zwischen Sonne und Erde und verdeckt die Sonne. Das ist eine „Sonnenfinsternis". Dann sieht der Mond vor der hellen Sonne wie eine schwarze Scheibe aus.

Um eine Sonnenfinsternis anzusehen, musst du eine spezielle Schutzbrille tragen, denn wenn du zu lange in die Sonne schaust, kann das deine Augen schädigen. Astronomen legen zum Schutz ihrer Augen ein spezielles Material über ihre Teleskope.

Eine totale Sonnenfinsternis ist magisch, kommt aber sehr selten vor. Der Mond schiebt sich dann langsam vor die Sonne, bis sie komplett hinter ihm verschwindet. Zurück bleibt ein schwarzes Loch mit einem silbrig-blauen Lichthof.

Dann passiert etwas Verrücktes. Die Vögel beginnen wild zu zwitschern, weil sie glauben, es sei Abend. Die Luft wird kühl und Schattenbänder kräuseln sich auf dem Boden. Nach wenigen Minuten bricht die Sonne wieder hervor und alles kehrt zur Normalität zurück.

DIE PLANETEN

Die Planeten unseres Sonnensystems sind viel näher an uns dran als die Sterne, aber immer noch sehr weit weg.

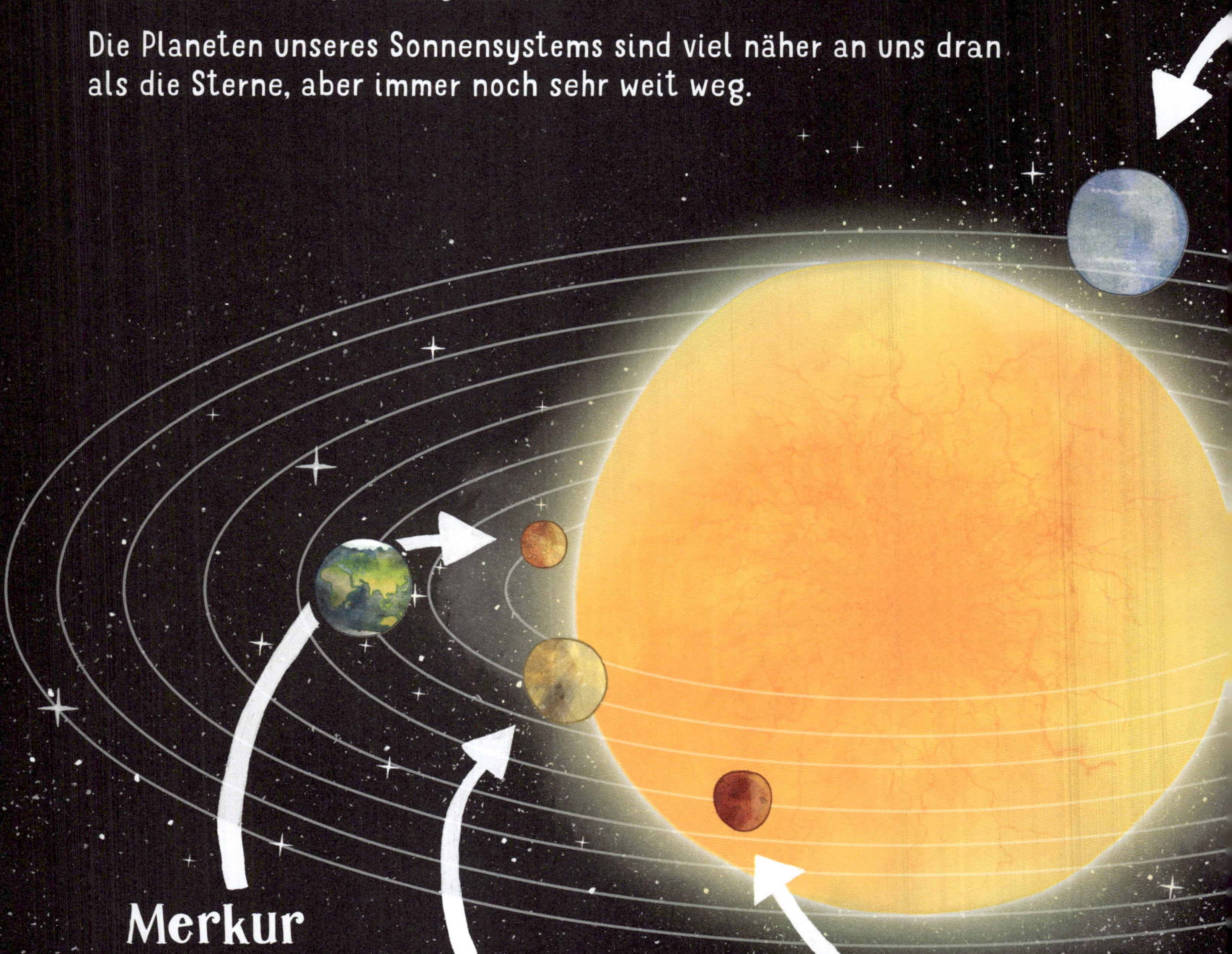

Merkur

Der Merkur ist der Sonne am nächsten und deshalb nur schwer zu sehen. Vor Sonnenaufgang steht er immer sehr niedrig am östlichen Himmel oder gleich nach Sonnenuntergang am westlichen Himmel.

Venus

Die Venus ist der hellste Planet von allen und deshalb am leichtesten zu finden. Sie ist der Sonne näher als uns, aber weiter von ihr entfernt als Merkur. Vor Sonnenaufgang kannst du sie mehrere Stunden lang sehen (sie heißt dann Morgenstern). Auch nach Sonnenuntergang ist sie zu sehen (dann heißt sie Abendstern). Wenn sie am hellsten scheint und du an einem sehr dunklen Ort bist, kann sie sogar einen schwachen Schatten hinter dich werfen.

Mars

Der Mars ist zwar als roter Planet bekannt, ist aber nicht wirklich rot. Tomaten, Kirschen und Erdbeeren sind rot. Der Mars ist eher … orange. Alle zwei Jahre, wenn er uns am nächsten ist, kann der Mars auffallend hell sein, vor allem wenn er hoch am Himmel steht. Er scheint dann heller als jeder andere Stern.

Neptun

Der Neptun ist leider so weit weg und scheint so schwach, dass du ihn nur mit einem Teleskop sehen kannst. Und für den Zwergplaneten Pluto brauchst du ein richtig großes Teleskop.

Uranus

Der Uranus ist so weit entfernt, dass er 84 Jahre braucht, um die Sonne zu umkreisen. Du kannst ihn mit bloßem Auge erkennen, aber nur wenn du weißt, wo und wann du nach ihm Ausschau halten musst und der Himmel sehr, sehr dunkel ist. Durch ein Fernglas oder ein Teleskop ist seine schwache grüne Farbe gut zu erkennen, doch mit bloßem Auge siehst du nur einen kleinen weißen Fleck.

Saturn

Der Saturn ist ebenfalls riesig, aber kleiner als Jupiter und weiter entfernt. Deshalb ist er normalerweise weniger hell. In sehr dunklen Nächten hat er eine leichte goldgelbe Färbung.

Jupiter

Der Jupiter ist der größte Planet (die Erde würde mehr als 1000 Mal in ihn hinein passen). Da er aber unglaublich weit weg ist, scheint er häufig nicht so hell wie Venus oder Mars. Wenn er dann doch mal hell scheint, hat er ein blau-weißes Licht.

Mit einem Fernglas kannst du einige kleine „Sterne" nahe dem Jupiter erkennen, mal zwei, mal drei, manchmal auch vier. Das sind die vier größten der insgesamt 64 Jupitermonde. Dass ihre Anzahl sich ändert, liegt daran, dass sie um den Planeten kreisen.

WELCHE LICHTER SIND PLANETEN?

Wenn es funkelt, ist es ein Stern. Wenn es gleichmäßig scheint, ist es wahrscheinlich ein Planet.

Planeten sehen wir als winzige Scheiben, Sterne hingegen sind nur als Lichtpunkte zu sehen. Die Luft, die sich zwischen ihnen und uns bewegt, bringt ihr Licht zum Zittern (oder Funkeln). Wenn du einen hellen Stern siehst, der sich wie ein Flugzeug bewegt, ist das ein Satellit (siehe Seite 52 und 53) oder tatsächlich ein Flugzeug hoch oben am Himmel.

Als ich das erste Mal einen Planeten am Himmel sah, wusste ich nicht, dass es einer war. Er war heller als alle anderen Sterne am Himmel, aber er funkelte nicht. Er hing dort einfach, wie eine Laterne. Dieser Stern war in Wirklichkeit der Planet Venus.

Sind es Sterne?

Nein, ganz und gar nicht. Wie der Mond produzieren Planeten kein eigenes Licht. Sie reflektieren das Licht der Sonne. Und sie reflektieren es Millionen von Kilometern weit durch den Raum. Wenn du weißt, wo und wann du nach ihnen Ausschau halten musst, kannst du ohne Teleskop viele Planeten unseres Sonnensystems sehen: Merkur, Venus, Mars, Jupiter und Saturn. Und bei wirklich guter Sicht kannst du vielleicht sogar Uranus erkennen.

WONACH HÄLST DU AUSSCHAU?

Meistens steht ein Planet allein, aber manchmal sieht man auch, wie ein Planet dem Mond oder einem anderen Planeten begegnet (das nennt man Konjunktion).

Je nachdem, wo du dich befindest und welche Jahreszeit gerade ist, stehen die Planeten an unterschiedlichen Stellen am Himmel. In Büchern, Zeitschriften und Internetseiten zum Sternebeobachten kannst du dich darüber informieren, wo sie in einer bestimmten Nacht zu sehen sind. Es gibt auch viele Apps, die du auf dein Smartphone oder Tablet herunterladen kannst.

STERNSCHNUPPEN

Eines Nachts war am Himmel plötzlich ein Lichtstreifen zu sehen. Ich dachte, ein Stern sei vom Himmel gefallen.

Es war eine Sternschnuppe, also eigentlich etwas ganz anderes als ein Stern. Sternschnuppen sind Meteore, kleine Staubteilchen, die superschnell durch die Erdatmosphäre stürzen. Durch die Reibung verglühen sie und dadurch entstehen Lichtstreifen am Himmel. Sie reichen von sehr schwach bis zu sehr hell und verschwinden normalerweise in weniger als einer Sekunde. Manche sind blau, grün oder golden, aber die meisten sind blau-weiß.

Wenn sich die Erde auf ihrem Weg um die Sonne durch eine Art Fluss aus „Weltraumstaub“ bewegt, kannst du eine Menge Sternschnuppen sehen. Astronomen nennen das „Meteorströme “.

Jedes Jahr gibt es etwa ein dutzend Meteorströme, aber manche sind eindrucksvoller als andere. Die besten sind Mitte August, Ende Oktober, Mitte November und Mitte Dezember zu sehen.

Wie Meteorströme entstehen

Fluss aus Weltraumstaub

Feuerbälle und Meteoriten

Manchmal treten größere Gesteinsbrocken aus dem Weltraum in die Erdatmosphäre ein. Sie sind sehr hell, bewegen sich langsamer und flackern oft mehrmals dramatisch auf, bevor sie verglühen. Sie heißen „Feuerbälle". Nur sehr wenige Meteore verglühen nicht vollständig und erreichen die Erde. Häufig leuchten sie so hell wie der Mond und ihre Ankunft kündigt sich für gewöhnlich mit einem markerschütternden Überschallknall an. Wenn sie einmal auf der Erde liegen, heißen sie Meteoriten.

DIE POLARLICHTER

Eines Abends im Oktober, als ich mehrere Stunden lang die Sterne beobachtete, erschienen am Nordhimmel plötzlich Schleier aus rotem Licht, die flatterten und sich kräuselten.

Ich hatte die berühmten Polarlichter gesehen! Die Polarlichter (auch bekannt als Aurora Borealis) kann man sehen, wenn Stürme auf der Sonnenoberfläche elektrisch geladene Teilchen in den Weltraum wehen. Wenn sich eine solche Sonneneruption in Richtung Erde bewegt, reagieren diese Teilchen mit Gasen in der Atmosphäre und dem Magnetfeld der Erde. Dadurch entstehen die unterschiedlichen Farben und Formen.

Die meisten Polarlichter kann man im März und April sowie im September und Oktober sehen. Alle 11 Jahre wird die Sonne sehr aktiv, dann sind sie noch besser zu sehen.

Polarlichter entdecken

Wenn du in der Nähe des Nord- oder des Südpols lebst, kannst du die Polarlichter regelmäßig sehen, denn dort konzentrieren sie sich. Manchmal sind sie auch fernab der Pole zu sehen, etwa in Frankreich oder in Nordamerika auf der Nordhalbkugel. Und in Australien auf der Südhalbkugel. Das hängt davon ab, wie viele Teilchen aus der Sonneneruption in die Erdatmosphäre vordringen.

Wenn du das Glück hast, Polarlichter in deiner Nähe zu sehen, wirst du vermutlich zuerst einen grünen Bogen sehen, von dem grau-weiße Streifen oder Strahlen nach oben zeigen, die langsam schwächer werden. Wenn du großes Glück hast, siehst du helle Schleier aus rotem Licht, die am Himmel zu tanzen scheinen, sich kräuseln und nach hier und da schwingen.

Große Sonnenstürme können jederzeit auftreten. Es gibt Satelliten, die die Sonne 24 Stunden am Tag beobachten und Sonnenstürme erkennen, wenn sie sich ereignen. Sie warnen uns also einige Tage im Voraus. Viele Internetseiten verbreiten diese Ankündigungen. Du kannst dir auch eine App auf dein Smartphone oder Tablet herunterladen, die dich darüber informiert.

BEWEGLICHE LICHTER AM HIMMEL

In einer klaren Nacht kannst du dutzende Lichter sehen, die den Himmel in alle Richtungen überqueren. Sie sehen aus wie Sterne, die sich befreit haben und nun wegfliegen.

Es sind aber weder Sterne, noch Raumschiffe mit Außerirdischen, die uns ausspionieren (vermutlich jedenfalls). Es sind von Menschen gebaute Satelliten, kleine Raumschiffe, die viele hundert Kilometer entfernt um die Erde kreisen und schimmern, wenn das Sonnenlicht sie trifft.

Es gibt dort oben viele Satelliten. Und sie werden für alles Mögliche genutzt:

- Navis nutzen sie, um Strecken zu planen.
- Meteorologen nutzen die Fotos, die sie aufnehmen, um das Wetter vorherzusagen.
- Handys nutzen sie, um Anrufe und Textnachrichten zuzustellen.

Die International Space Station

Der hellste Satellit, den du sehen kannst, ist die International Space Station oder ISS. Astronauten aus vielen verschiedenen Ländern leben mehrere Monate an Bord der ISS, um herauszufinden, wie sie in Zukunft zum Mars fliegen können. Außerdem führen sie dort Experimente im schwerelosen Raum durch und fotografieren die Erde, die sich unter ihnen dreht. Die ISS ist nicht jede Nacht zu sehen. Sie kommt und geht. Es gibt Internetseiten und Apps, auf denen du erfahren kannst, wann und wo sie in deiner Nähe zu sehen sein wird. Sie informieren dich auch darüber, wann du andere kleine Raumschiffe sehen kannst, die zur ISS oder von dort zurück fliegen. Manche transportieren nur Güter, andere sind bemannt.

Satelliten

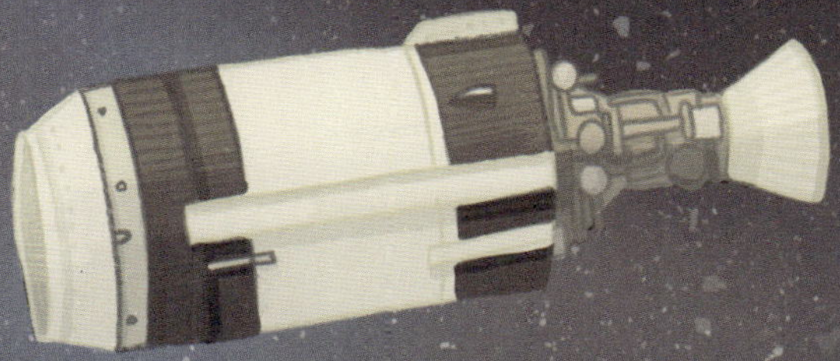

Aktuell sind mehr als 2000 Satelliten in der Umlaufbahn der Erde unterwegs. Die Lebensdauer eines Satelliten beträgt im Durchschnitt zehn Jahre. Wenn Satelliten ausgedient haben, bleiben sie normalerweise einfach im Weltraum zurück. Sie werden Teil des Weltraummülls, der um den Planeten kreist und immer mehr wird.

Manchmal aber sind Satelliten kaputt oder erreichen die Umlaufbahn nicht. Dann kommen sie wieder herunter. Wenn sie in der Atmosphäre verglühen, sehen sie aus wie besonders helle, sich langsam bewegende Sternschnuppen, aus denen Teile austreten, während sie über den Himmel ziehen.

VERSCHWOMMENE FLECKEN

Beim Betrachten des Nachthimmels fällt dir vielleicht auf, dass kleine Teile des Himmels ein wenig, naja ... verschwommen aussehen. Das liegt daran, dass diese Objekte unglaublich weit entfernt sind. Sie werden als „Deep-Sky-Objekte" bezeichnet, was soviel bedeutet wie Objekte am tiefen Himmel.

Wie der Name schon sagt, kann man in diesen verschwommenen Flecken nicht viele Einzelheiten erkennen, aber auf Fotos erschließt sich ihre ganze Schönheit. Die Fotos werden in der Regel mit großen Teleskopen aufgenommen und dann mit Computern bearbeitet, um die Details sichtbar zu machen. Deep-Sky-Objekte sind viel weiter entfernt als die Sterne, die du sehen kannst, und sie sind auch viel, viel größer. Die meisten von ihnen kannst du nur durch ein Fernglas oder ein Teleskop erkennen.

DEEP-SKY-OBJEKTE

sind oft eines dieser drei Dinge:

1. Galaxien

Einige Deep-Sky-Objekte sind in Wirklichkeit andere, benachbarte Galaxien. Das weltstärkste Teleskop hat gezeigt, dass es neben unserer eigenen Galaxie etwa 100 Milliarden weitere gibt. Und diese Zahl wird vermutlich noch steigen, sobald ein noch stärkeres Teleskop entwickelt ist.

2. Nebel

Einige Deep-Sky-Objekte sind Nebel, riesige Gas- und Nebelwolken weit entfernt im All. Manche leuchten, weil sich in ihnen Sterne verstecken. Andere leuchten, weil sie das Licht nahegelegener Sterne reflektieren. Und wieder andere leuchten, weil in ihnen gerade Sterne entstehen.

3. Sternhaufen

Einige Deep-Sky-Objekte sind Sternhaufen. Die meisten Sterne sind Teil eines Paares, eines Trios oder einer größeren Gruppe, den sogenannten Sternhaufen. „Offene Sternhaufen“ enthalten dutzende oder gar hunderte Sterne, die alle zur gleichen Zeit am gleichen Ort entstanden sind. Kugelsternhaufen sind riesige Bälle aus sehr, sehr alten Sternen, Millionen von Sternen, die wie ein Schwarm zusammengepackt sind. Aber sie sind so weit entfernt, dass du ein Fernglas oder ein Teleskop brauchst, um sie zu sehen.

WAS KOMMT ALS NÄCHSTES?

Jetzt hast du schon eine ziemlich gute Vorstellung davon, was es am Himmel zu sehen gibt. Du kannst Planeten und Sterne unterscheiden und du weißt, wie du deine Lieblingssterne und Sternbilder findest. Du weißt, wie die Polarlichter WIRKLICH aussehen und wie du Satelliten entdecken kannst. Wenn du noch mehr wissen willst, gibt es viele tolle Möglichkeiten, an Informationen zu kommen.

Computerprogramme

Du kannst dir kostenlose Planetarium-Programme auf deinen Computer runterladen. Damit kannst du eine genau auf dich zugeschnittene Sternkarte erstellen, die dir zeigt, was genau du an dem Tag siehst, an dem du die Sterne beobachten willst.

Astronomie-Zeitschriften

Wahrscheinlich gibt es dort, wo du wohnst, mindestens eine monatlich erscheinende Astronomie-Zeitschrift zu kaufen. Darin findest du ebenfalls viele Sternkarten und Informationen dazu, was am Himmel in deiner Gegend zu sehen ist.

Sternatlas

Ein Sternatlas enthält detaillierte Karten des Nachthimmels mit allen Sternen und Sternbildern sowie den Positionen hunderter Sternhaufen, Nebel und Galaxien.

Astronomie-Apps

Wenn du ein Smartphone oder ein Tablet hast, kannst du auf hunderte Astronomie-Apps zugreifen. Einige informieren dich darüber, wann die ISS am Himmel vorbeizieht oder wann man einen Meteorsturm oder eine Finsternis am besten sehen kann. Die besten Apps sind die Planetarium-Apps, die dir zeigen, was an einem bestimmten Tag und zu einer bestimmten Zeit am Himmel zu sehen ist.

Das ist aufregend! Mit all diesem Wissen kannst du jetzt zum Himmel schauen und die Sterne nicht nur als Punkte am Himmel sehen, sondern als Freunde. Freunde fürs Leben.

LOS GEHT'S

Jetzt bist du ein bestens qualifizierter Sternenbeobachter.

Wenn du zu deinen Sternbeobachtungs-Abenteuern aufbrichst, denk immer daran, sie im Voraus zu planen. Du solltest wissen, wohin du gehst, mit wem du gehst und wonach du Ausschau halten willst. Jeder Nachthimmel hält sein eigenes Abenteuer bereit, angefangen bei den Satelliten über Sternschnuppen und den Großen Wagen bis zur Milchstraße. Lass dich von den Sternbildern leiten.

GLOSSAR

★ ACHSE
Die Linie, um die die Erde sich dreht.

★ ASTERISMUS
Eine klar erkennbare Gruppe von Sternen innerhalb eines Sternbilds.

★ ASTRONOM
Ein Wissenschaftler, der den Nachthimmel studiert.

★ AURORA
Das Zusammenwirken einer Sonneneruption mit Gasen in unserer Atmosphäre. Die berühmteste Aurora sind die Polarlichter (Aurora borealis).

★ DEEP-SKY-OBJEKTE
Entfernte Himmelskörper, die als verschwommene Flecken zu sehen sind.

★ DUNKELADAPTION
Die Zeit, die nötig ist, damit deine Augen sich an die Dunkelheit des Nachthimmels gewöhnen.

★ FEUERBALL
Eine sehr helle Sternschnuppe, die sich langsam über den Himmel bewegt und dramatisch knallt bevor sie verglüht.

★ GALAXIE
Ein großes, von der Schwerkraft zusammengehaltenes Sonnensystem (es gibt Milliarden davon). Unsere Galaxie ist die Milchstraße.

★ INTERNATIONAL SPACE STATION
Oder ISS. Aktuell der größte von Menschen gemachte Satellit und ein Zentrum für Astronauten aus verschiedenen Ländern.

★ KONJUNKTION
Wenn sich zwei Himmelskörper am Nachthimmel zu begegnen scheinen.

★ KRATER
Durch Meteoriten entstandene Vertiefungen auf der Mondoberfläche.

★ LICHTVERSCHMUTZUNG
Die Lichter unserer von Menschen gemachten Umwelt, die dafür sorgen, dass wir den Nachthimmel nur schwer sehen können.

★ METEOR/STERNSCHNUPPE
Ein Meteor ist ein Gesteinsstück aus dem Weltraum, das, wenn es in die Erdatmosphäre eintritt, normalerweise verglüht und so Sternschnuppen entstehen lässt. Es gibt zwei Arten von Sternschnuppen: Feuerbälle und Meteore.

★ METEORIT
Ein Stück eines Meteors, das nicht in der Atmosphäre verglüht, sondern als Fels- oder Metallstück (oder eine Mischung aus beidem) auf der Erdoberfläche landet.

★ METEORSTROM
Wenn die Erde auf ihrer Umlaufbahn durch ein Band (oder einen „Strom") aus Weltraumgestein kommt, das ein Komet hinterlassen hat, und dieses dann in der Atmosphäre verglüht, wie Meteore es tun.

★ MONDFINSTERNIS
Der Moment, wenn Sonne, Erde und Mond in einer Linie stehen und die Erde einen Schatten auf den Mond wirft.

★ MONDPHASEN

Die verschiedenen Formen, die der Mond (vom zunehmenden Mond bis zum Vollmond) im Laufe eines Monats annimmt, weil das Sonnenlicht sich aus verschiedenen Winkeln auf ihm widerspiegelt.

★ NEBEL

Eine riesige Gas- und Nebelwolke weit draußen im Weltall.

★ OFFENER STERNHAUFEN

Eine Ansammlung von dutzenden oder hunderten Sternen.

★ PLANET

Eine Gesteinsmasse, die durch ihre eigene Schwerkraft gerundet wurde und sich um einen Stern bewegt. Die Erde ist einer von acht Planeten, die um die Sonne kreisen.

★ POLARACHSE

Der Ausdruck bezeichnet die Linie, um die die Erde sich dreht.

★ POLARLICHTER

Aurora Borealis. Siehe Aurora.

★ SATELLIT

Ein Objekt, das um einen Planeten kreist. Der Mond ist der größte Satellit der Erde, aber es gibt viele, sehr viel kleinere vom Menschen gemachte Satelliten, wie die International Space Station (ISS).

★ SONNE/STERN

Gigantische heiße Gasbälle.

★ SONNENFINSTERNIS

Wenn der Mond sich zwischen Erde und Sonne schiebt.

★ STARHOPPING

Englisch für „Sterne-Hüpfen". Wenn du beim Beobachten des Nachthimmels von einer Sterngruppe zur nächsten „hüpfst".

★ STERNATLAS

Ein Buch mit Karten des Nachthimmels zu verschiedenen Jahreszeiten und an verschiedenen Orten des Planeten.

★ STERNBILD

Eine Gruppe von Sternen, die eine Figur, ein Wesen oder ein Objekt aus alten Mythen oder Geschichten darstellen soll.

★ STERNHAUFEN

Eine Untergruppe von Sternen innerhalb einer Galaxie, die durch die Schwerkraft zusammengehalten werden.

★ UMLAUFBAHN

Die Bahn, auf der ein Planet oder Stern sich bewegt. Die Erde kreist um die Sonne und die Sonne folgt einer Umlaufbahn in der Galaxie.

★ WELTRAUMGESTEIN

Das Material, aus dem Meteoriten bestehen.

★ WELTRAUMMÜLL

Alles von Menschen gemachte Material, das nicht mehr funktioniert und unseren Planeten weiterhin umkreist.

REGISTER

Widmungen

Dieses Buch ist drei Individuen gewidmet. Zunächst dem Gedenken an Félicette, einer streunenden Katze, die 1963 auf einer Pariser Straße aufgegriffen und als erste Katze in den Weltraum geschickt wurde. Aus irgendeinem Grund ist Félicettes Geschichte nicht annähernd so bekannt wie die Geschichte von Laika, dem ersten Hund im All. Kürzlich gab es eine Kampagne, um Félicette ein Denkmal zu setzen, und ich hoffe, die Leser dieses Buches werden sich die Zeit nehmen, etwas über sie herauszufinden. Feli ist natürlich nach Félicette benannt.

Die Zweite, der ich dieses Buch widme, ist Peggy, eine wunderschöne Katze, die wir gerettet haben und von der wir letztes Jahr Abschied nehmen mussten. Peggy hatte einen furchtbaren Start ins Leben, aber nachdem sie zu uns gekommen war, ging es ihr gut und ihr Leben war von Liebe erfüllt. Peggy hat mich zu diesem Buch inspiriert. Als wir einmal beim Kielder Star Camp zelteten, nahm ich sie mit nach draußen und sie sah mit echter Neugier im Gesicht hoch zum Sternenhimmel. Da fragte ich mich, wie viele Katzen ihre Nächte wohl damit zubringen, den Sternenhimmel zu betrachten und seine Schönheit zu genießen …

Die Dritte, der ich es widme, ist Stella, die in meinen Augen heller leuchtet als alle Sterne am Himmel zusammen.

Mein herzlicher Dank gilt Donald, Chloe, Brendan, Claire und allen bei Laurence King, die so hart dafür gearbeitet haben, dass dieses Buch erscheinen kann, sowie der immer wieder erstaunlichen „L“, die das Ganze überhaupt auf den Weg gebracht hat.

Stuart Atkinson